Io 7 629.

LES AMIS
DE
LA LIBERTÉ
DE LA PRESSE.

MARCHE ET EFFETS DE LA CENSURE.

PAR LE VICOMTE

De Chateaubriand,

PAIR DE FRANCE.

PARIS.
LE NORMANT FILS, IMPRIMEUR DU ROI,
RUE DE SEINE, N° 8. F. S. G.
1827.

L'Auteur autorise à réimprimer la présente brochure.

AVERTISSEMENT.

Lorsqu'en 1820, la censure mit fin au *Conservateur*, je ne m'attendois guère à recommencer sept ans après la même polémique, sous une autre forme et par le moyen d'une autre presse. Les hommes qui combattoient alors avec moi, réclamoient, comme moi, la liberté de penser et d'écrire : ils étoient dans l'opposition comme moi, dans la disgrâce comme moi, et ils se disoient mes amis.

Aujourd'hui, arrivés au pouvoir, encore plus par mes travaux que par les leurs, ils sont tous contre la liberté de la presse; de persécutés, ils sont devenus persécuteurs ; ils ont cessé d'être et de se dire mes amis. Qui a changé ?

Tel que le temps m'a laissé, tel il me retrouve : soutenant les mêmes principes, et n'ayant point rencontré au poste éminent où j'ai passé, les lumières qui ont obligé mes ci-devant amis à abandonner leurs doctrines. Il faut même que les ténèbres qui m'environnent se soient étendues sur eux lorsque j'étois ministre, car ils soutiennent que la licence de la presse n'a commencé que le 6 juin 1824.

Leur mémoire est courte : s'ils relisoient les opinions qu'ils ont prononcées, les articles qu'ils ont écrits contre un autre ministère et pour la liberté de la presse, ils seroient obligés de convenir qu'ils étoient au moins, en 1818 et 1819, les sous-chefs de la licence.

D'une autre part, mes anciens adversaires sont

revenus au principe de la liberté de la presse; ils se sont rapprochés de moi : cette marche est naturelle ; celle de mes premiers compagnons est contre nature. Qu'on se soit éclairé par l'usage même du gouvernement constitutionnel, rien de plus simple ; mais que de purs royalistes, sans doute attachés de cœur à l'ancien régime, aient rompu de grandes lances pour la Charte et pour les libertés publiques, dans un temps où ces libertés, peu connues, sembloient avoir des périls ; qu'aujourd'hui, lorsque tout est calme et qu'ils sont puissans, ils s'épouvantent en pleine paix de ces mêmes libertés, la chose est étrange. S'élever du mal au bien est ordre ; descendre du bien au mal est désordre.

Vieux capitaine d'une armée qui a déserté ses tentes, je continuerai, sous la bannière de la religion, à tenir d'une main l'oriflamme de la monarchie et de l'autre le drapeau des libertés publiques. Aux antiques cris de la France de saint Louis et de Henri IV, *vivent le Roi! Montjoie! saint Denis!* je joindrai les cris nouveaux de la France de Louis XVIII et de Charles X, *tolérance! lumières, liberté!* Peut-être rattacherai-je avec plus de fruit au trône et à l'autel les partisans de l'indépendance, que je ne ralliai à la Charte de prétendus serviteurs du trône et de l'autel.

L'honneur et mon pays me rappellent sur le champ de bataille. Je suis arrivé à l'âge où les hommes ont besoin de repos ; mais si je jugeois de mes années par la haine toujours croissante que m'inspirent l'oppression et la bassesse, je croirois avoir rajeuni.

LES AMIS
DE LA LIBERTÉ
DE LA PRESSE.

J'ai publié, le 3o du mois dernier, une brochure intitulée : *Du Rétablissement de la Censure au 24 juin 1827*[1].

Dans l'avertissement de cette brochure on lit ce passage : « La presse non périodique doit venir au secours de la » presse périodique : des écrivains courageux se sont asso- » ciés pour donner une suite de brochures. On compte » parmi eux des pairs, des députés, des magistrats. Tout » sera dit; aucune vérité ne restera cachée. Si certains » hommes ne se lassent point de nous opprimer, d'autres » ne se fatigueront pas de les combattre. »

En effet, une société d'hommes de bien, également attachés à la religion, au Roi, à la patrie, s'est formée dans le dessein de venir au secours de la première de nos libertés.

Les brochures qu'ils vont publier seront répandues *gratis* à Paris et dans les départemens : ainsi elles n'auront pas besoin d'être annoncées pour être connues. Le public apprendra par elles et les vérités que la censure enlève aux feuilles indépendantes et les mensonges qu'elle laisse dans les journaux ministériels.

Les amis de la liberté de la presse placent leurs ouvrages sous la sauvegarde et sous la censure des tribunaux. De bons citoyens, des sujets fidèles, de vrais Français, des

---

[1] Chez Ladvocat. M. Ladvocat reprendra pour mes OEuvres complètes ces brochures publiées *gratis*.

hommes religieux qui veulent la liberté et non la licence, qui désirent la paix et non le désordre, n'ont rien à redouter des lois. Les uns signeront leurs écrits, les autres garderont l'anonyme. Taire son nom, ce n'est pas le cacher.

Tel est le plan dont les amis de la liberté de la presse commencent l'exécution dès ce moment même. On ne peut s'empêcher de reproduire une réflexion devenue vulgaire : après cinq ans de pleine et entière jouissance de la liberté de la presse, il est triste d'être revenu aux moyens de défense employés dans les premiers temps de la Restauration : le pas rétrograde est effrayant. Quand on marche à reculons, il est difficile d'éviter les précipices.

MARCHE ET EFFETS DE LA CENSURE.

L'écrit déjà cité plus haut [1] étant le premier, dans l'ordre des dates, de tous ceux qui ont été publiés jusqu'à ce jour sur l'ordonnance du 24 juin, c'est de cet écrit qu'il faut partir pour continuer l'histoire de la censure.

On a vu que des mutilations avoient été faites aux journaux, que ces journaux avoient été obligés de rejoindre les tronçons des articles coupés, sous peine d'être exposés à toutes sortes de vexations. Le *Journal des Débats* ayant eu l'audace de laisser dans sa feuille un blanc accusateur, on le priva le lendemain de l'honneur du *visa*, de manière qu'il se trouva dans la nécessité, ou de paroître avec un nouveau blanc, ou de ne pas paroître du tout, ou de paroître non censuré, ce qui entraînoit la suspension provisoire. *La France Chrétienne* étoit dans un cas semblable ; on lui dénioit aussi le bâillon, on lui refusoit l'amnistie de la censure, on la mettoit hors la loi, pour avoir occasion de la punir comme une esclave révoltée. M. Pagès, dans une *lettre* adressée à M. *Lourdoueix*, fait connoître de hideux détails après lesquels il ajoute :

« M. Deliège déclara à M. Marin, directeur de *la France Chrétienne*, qu'on ne vouloit pas de *blancs*, que *le Constitutionnel*, le *Journal des Débats*, que tous les journaux déféroient à cette volonté, et que *la*

[1] *Voyez* page 5.

» *France Chrétienne* ne seroit à l'avenir ni approuvée ni
» rejetée. Depuis ce moment, les épreuves, chaque jour
» envoyées à deux heures après-midi, sont chaque jour
» renvoyées à minuit, sans approbation et sans rejet.
» Je vis alors que tous les journaux s'étoient laissé prendre
» au traquenard de la police. Et il importoit, non certes à la
» prospérité de notre journal, mais à la dignité de l'oppo-
» sition, mais aux libertés publiques, qu'une feuille pro-
» testât contre ces violences illégales, contre ces piége-gros-
» siers, qu'elle parût telle qu'elle étoit mutilée par vous,
» et que chaque lecteur pût se dire : *La censure a passé*
» *par-là.*
» Or, si vous êtes de mauvais censeurs pour les autres
» journaux, pour nous vous ne voulez pas être censeurs, et
» il faut que l'autorité vous force à remplir vos devoirs ou
» qu'elle nous rende notre liberté.
» Or, votre inertie s'oppose à ce que *la France Chré-*
» *tienne* puisse paroitre ; elle est donc un attentat à la pro-
» priété, une véritable spoliation ; et ce genre de confisca-
» tion, ce vol véritable ne peut être sanctionné par une
» ordonnance. »

Constantinople a-t-il donc d'administration plus despo-
tique que celle de la censure, de muets plus arbitraires que
les censeurs ? Ces messieurs vous tuent en vous appliquant
la loi ; ils vous tuent encore mieux en ne vous l'appliquant
pas. Si vous prétendez les poursuivre devant les tribunaux,
il faut en obtenir la permission de l'autorité supérieure administrative, ou les huissiers refusent de porter vos assi-
gnations [1]. Si de son côté l'autorité supérieure suspend
provisoirement votre feuille, et vous fait elle-même un
procès, plusieurs mois s'écoulent avant que vous puissiez
être jugé ; votre journal est perdu. Voilà la douce censure,
l'équitable censure, la libérale censure, la constitutionnelle
censure, la censure qui a produit la véritable liberté de la
presse !

Lorsque la censure fut établie en 1814 et dans les années

---

[1] C'est ce qui est arrivé à MM. les membres composant la société
du journal *la France Chrétienne*. Ils ont voulu constater une
infraction à l'ordonnance de censure ; l'huissier, M. Comte, a dé-
cliné sa compétence jusqu'à obtention de l'autorisation de M. le
ministre de l'intérieur, qui sans doute ne laissera pas attaquer son
commis et son compère.

Il faut lire le *Mémoire à consulter sur les actes arbitraires de la
censure*, signé par MM. les propriétaires du *Constitutionnel*, et les
résolutions du Conseil, M. Dupin. Paris, 8 juillet 1827.

suivantes, il y avoit une sorte d'excuse à cette dérogation de la loi fondamentale : les troupes alliées occupoient la France; elles demandoient des sommes considérables; des articles indiscrets pouvoient blesser ces étrangers. Dans l'intérieur du royaume la vieille France et la France nouvelle se trouvoient en présence pour la première fois, et elles avoient des comptes à régler; les partis étoient animés, les passions exaltées par l'aventure des cent-jours; des conspirations éclatoient de toutes parts : on pouvoit craindre que la parole, si long-temps contenue par le despotisme de Buonaparte, ne fît explosion en se dégageant tout à coup.

Il étoit possible encore que sous des institutions nouvelles dont on ignoroit le mécanisme, on abusât d'abord de la presse; à peine savoit-on ce que c'étoit que la Charte. Il faut même rendre justice aux ministres de cette époque : en prenant des précautions contre la licence, ils se soumirent à la liberté de l'opinion, puisqu'ils se retirèrent, et peut-être trop tôt, devant la puissance de cette liberté : c'étoit un hommage que, dans leur sincérité, ils offroient au principe vital de la Charte.

Enfin, lorsque cette Charte fut donnée, elle déclara par son article 8, que *les Français ont le droit de publier et de faire imprimer leurs opinions, en se conformant aux lois qui doivent réprimer les abus de la liberté de la presse.* Or ces lois n'étoient pas faites. La censure, à laquelle les Français étoient façonnés, et qui étoit le droit commun, fut provisoirement maintenue. On ne passoit donc pas de la liberté de la presse à la censure, on restoit comme on étoit; on ne détruisoit pas un droit acquis, on ajournoit seulement un droit accordé. Il n'y avoit pas secousse dans les esprits, changement, révolution dans la législation : on pouvoit se plaindre qu'une promesse n'étoit pas remplie, mais on ne pouvoit pas dire qu'un bienfait étoit retiré, en violation de la foi jurée.

Aujourd'hui, existe-t-il une seule des raisons qui servirent au maintien de la censure, dans les premières années de la restauration? Toutes les lois de répression sont faites. Habitués à la liberté de la presse, familiarisés même avec ses écarts, nous avons traité de ses principes sous tous les rapports et dans toutes les formes ; nous connoissons ses affinités avec le gouvernement représentatif. Nous savons quel est le prix et la consolation de tous les sacrifices; nous savons qu'excepté l'honneur, elle remplace tout chez un peuple : nous l'ôter à présent c'est nous enlever une possession prescrite, c'est arrêter violemment le cours de nos idées, le mouvement de nos mœurs. La censure a tellement vieilli pour nous, qu'elle nous paroît ce qu'elle est en effet, une loi caduque, ressuscitée du double despotisme féodal et impérial : elle a quelque chose de risible, comme les droits de *queuage* et de *remuage*, et d'odieux comme l'oppression militaire.

Un règne a déjà fini, un règne a commencé sous l'empire de la Charte ; des générations entières se sont formées sous cet empire. La liberté de la presse a glorieusement traversé une guerre étrangère et une crise de finances ; la paix règne au dehors et au dedans du pays. Il y a si peu de prétexte apparent à la censure, qu'on est forcé de supposer des desseins à ses fauteurs et de chercher dans l'avenir ce qu'on ne trouve pas dans le présent.

Nous avons pu faire cette apologie, de la première censure, parce que nous nous sommes opposés, même à cette première censure. Il n'y a jamais, selon nous, une raison suffisante de suspendre la liberté : celle-ci est plus forte que la servitude pour écarter les dangers d'un Etat.

Mais il ne s'agit pas de tout cela, dira-t-on : c'est pour sauver la religion que l'on a imposé la censure, c'est pour se délivrer des impiétés des journaux : la censure, dans le cas présent, est une pure affaire de conscience.

D'abord, il faudroit être fixé sur ce mot de religion, savoir si ceux qui l'emploient ne confondent pas les choses terrestres avec les choses divines, ne cachent pas les intérêts de l'homme dans les intérêts du ciel. Aucun doute que si la religion est véritablement attaquée, il ne faille la défendre à tout risque et à tout prix, mais nous nions la majeure, et nous disons ensuite : les tribunaux sont là pour punir les outrages au culte ; les peines sont sévères ; elles n'ont jamais manqué d'être appliquées, quand le délit a été prouvé. Cette manière de toujours raisonner comme s'il n'existoit pas de justice, comme s'il n'y avoit pas de magistrats, comme si l'on n'avoit d'autre défense que l'arbitraire, montre à quel point la raison est détériorée chez les hommes dont nous subissons le système.

En second lieu, si vous ne cherchez à défendre que la religion, votre censure ne s'exerce sans doute que sur les articles irréligieux, que sur les journaux *impies* ; or, elle frappe également tous les genres d'articles et toutes les espèces de journaux : expliquez-nous donc cette *affaire de conscience*.

Enfin, vous prétendez soutenir la religion par la censure, et vous lui faites un tort irréparable. Aujourd'hui, on accuse publiquement les ecclésiastiques d'être la première cause de la perte de notre première liberté ; on les rend responsables de tout ce qui peut arriver à la Charte ; on accumule sur leurs têtes des haines d'autant plus dangereuses qu'elles semblent appuyées sur un fait réel, et non sur des déclamations vaines. Qu'est-ce que quelques articles de journaux qui n'alloient point au fond de la question, quelques mots sur les missionnaires et sur les jésuites, auprès d'une accusation, calomnieuse sans doute, mais généralement crue, laquelle représente le clergé catholique comme incompatible avec l'existence d'un gouvernement constitutionnel ? Voilà pourtant où votre censure a amené les choses. Vous vous réjouissez, parce que rien n'éclate encore; attendez : les générations vont vite. Souvenez-vous que si jamais les autels étoient brisés de nouveau, les ennemis des libertés publiques seroient les véritables auteurs de la catastrophe.

La plus haute des folies pour des hommes aveuglés, seroit de soutenir que la religion catholique adopte une forme de gouvernement plutôt qu'une autre, qu'elle s'oppose aux vérités de la science et aux progrès de l'esprit humain, lorsqu'elle est au contraire l'ordre universel, la raison par excellence, la lumière même : quiconque, aujourd'hui, prétendra défendre la religion catholique en la séparant de la société, telle que le temps l'a modifiée, conduira les peuples au protestantisme.

La religion catholique fait des progrès rapides aux États-Unis; la cour de Rome se met en communication avec les républiques espagnoles; pourquoi donc nous autres catholiques de France, ne pourrions-nous vivre sous une monarchie constitutionnelle ! Élevez notre jeune clergé dans l'amour des lois du pays, il les défendra et en tirera sa puissance. En sommes-nous toujours aux regrets du passé, aux calomnies du présent ?

Dans une brochure de M. de Salvandy, qui vient de paroître, nous lisons cette très-belle page :

« Les générations de l'ancien régime, élevées on sait par
» qui et comment, ont égorgé les nobles et les prêtres, tué
» Louis XVI, tué Marie-Antoinette, tué madame Elisabeth,
» tué..... Ce siècle a été une longue orgie commencée dans
» la débauche et finie dans le sang. Les générations nou-
» velles, nées sur les marches des échafauds, grandies à la
» lueur des incendies et des batailles, ont relevé les autels,
» rétabli le trône, rappelé à ce trône vénéré le vieux sang
» des comtes de Paris, reconstitué l'ordre social, reconnu

» le légitime empire des noms, des richesses, des talens,
» des vertus, consacre une aristocratie politique investie de
» privilège et d'hérédité ». »

Quoi qu'il en soit, si l'administration de la première censure eut des motifs plausibles, elle fut aussi moins capricieuse et moins rude que l'administration de la censure actuelle.

L'ordonnance pour la mise à exécution de la loi de 1820 établissoit douze censeurs; cinq étoient nécessaires pour signer l'arrêt.

A cette époque aussi les *blancs* et les *noirs* étoient permis: les journalistes alloient quelquefois jusqu'à mettre le portrait d'une paire de ciseaux dans les endroits supprimés. Le noble duc de Richelieu avoit trop de franchise pour souffrir que la censure employât les moyens haineux et faux, violens et hypocrites dont elle se sert aujourd'hui.

Plus tard, lorsque la censure fut rétablie avec insulte à la magistrature, on eut des censeurs secrets de la police, *un saint office d'espions;* mais tels qu'ils étoient, ils ne firent point la guerre aux *blancs*, ils ne se crurent jamais le droit de dénier la censure, de refuser leur petit ministère aux journaux qui se présentoient de bonne grâce. Il étoit réservé à la censure libérale du bon M. Tartuffe de se porter en moins d'un mois à des excès jusqu'ici inconnus, tout en nous déclarant *que les résultats de la censure paroissent si peu incertains aux vrais amis de la liberté de la presse, que pour eux le triomphe de celle-ci ne date que de ce jour.*

Aujourd'hui il n'y a que six censeurs; et la signature d'un seul secrétaire, pris en dehors de leur confrérie, suffit pour rendre valide la maraude censoriale. Sur ces six censeurs, deux, on le sait, M. Caïx et M. Rio, ont courageusement donné leur démission; un troisième, M. Fouquet, a siégé, dit-on, deux ou trois fois, mais on assure qu'il se retire, après avoir vu et entendu sans doute de belles choses.

Il n'a pas été permis aux journaux d'annoncer la non acceptation de MM. Caïx et Rio : la censure proscrit un homme pour son honneur comme on proscrivoit un Romain pour sa fortune. Et tout cela sous la légitimité! sous le règne de l'honneur et de la vertu!

1. *Lettre à M. le rédacteur du Journal des Débats sur l'état des affaires publiques.* Paris, chez Sautelet et compagnie, libraires, place de la Bourse.

Une ordonnance du Roi, du 4 de ce mois, annonce que M. de Silans et M. Lévêque ont été nommés en *remplacement* de MM. Caïx et Rio. La censure, pour être conséquente, auroit dû biffer l'ordonnance royale, puisqu'elle trahit le secret qu'on vouloit garder. Pourquoi ne l'auroit-elle pas biffée cet ordonnance ? Dans un article [1] que le bureau de censure a laissé sans censure se trouvoit l'ordonnance du Roi pour la convocation des conseils généraux.

La censure s'arroge aussi le droit de supprimer jusqu'aux actes du gouvernement; elle se permet encore d'altérer les détails judiciaires, comme on le verra dans l'instant.

Remarquons toutefois une chose : le *Moniteur* annonce bien que MM. de Silans et Lévêque ont été nommés en *remplacement* de MM. Caïx et Rio, mais il ne dit pas de MM. Caïx et Rio *démissionnaires*; de sorte que, d'après le journal officiel, on pourroit croire que ces deux honorables professeurs ont été *destitués*. On ne sait ce qu'on doit le plus admirer, ou de la justice que se rend la censure en essayant de cacher les sentimens qu'elle inspire, ou de l'obstination des ministres à laisser sur la victime qu'ils ont touchée, la tache de leurs mains.

Il a fallu enfin avouer la retraite de M. de Broé et de M. Cuvier; ils ont été remplacés par MM. de Blair et Olivier[2]. M. de Broé avoit, dit-on, motivé son refus sur des raisons tirées de la pureté de la magistrature; M. Cuvier a senti que la science séparée de l'estime perd sa tranquillité naturelle : l'étude ne console que du malheur.

Quant à M. le marquis d'Herbouville, on avoit prétendu qu'il s'étoit retiré; il n'en est rien : nous nous empressons de réparer le tort que ce bruit a pu faire au noble pair.

On a demandé si le conseil de surveillance étoit rétribué. La pudeur publique a répondu négativement. La calomnie insiste; elle va jusqu'à prétendre que tel membre de ce conseil reçoit pour sa place nouvelle un traitement de 1500 fr. par mois. Un démenti public sera sans doute donné à la calomnie. En effet, quelques membres du conseil de surveillance jouissent de plusieurs pensions à divers titres, il n'est pas probable qu'ils aient eu besoin de nouveaux secours : il y a d'ailleurs des places où le zèle suffit.

Dans la brochure qui sert de point de départ à celle-ci, j'ai prouvé que des pairs et des députés n'étoient pas aptes

1 *Journal des Débats.*

2 Il paroit certain que cet honorable magistrat a aussi donné sa démission.

à remplir des fonctions de censeurs. J'aurois pu appuyer cette opinion de l'autorité même et du jugement de la Chambre des pairs.

Le 14 février 1820, fut apporté à cette Chambre un projet de loi relatif aux journaux. Les art. 5 et 6 de ce projet qui devint loi, après avoir éprouvé des amendemens, étoient ainsi conçus :

« Art. 5. Une commission composée de trois pairs et de
» trois députés, nommés par le Roi, sur une liste double
» de candidats présentés par leur Chambre respective, et
» de trois magistrats inamovibles également nommés par
» le Roi, choisira et révoquera à volonté les censeurs. »

« Art. 6. Cette commission sera renouvelée chaque ses-
» sion des Chambres : ses membres pourront être indéfi-
» niment renommés. »

L'art. 8 accordoit à la commission le droit de suspendre provisoirement un journal, lorsque ce journal auroit publié un article non communiqué ou non approuvé.

L'art. 11 déclaroit que la censure cesseroit de plein droit d'avoir son effet au 1er janvier 1825.

On voit combien cette commission légale étoit supérieure de tous points à la commission de surveillance actuelle : c'étoient les chambres, et non les ministres, qui devoient en présenter les candidats au choix du Roi, sur une liste double. Cette commission devoit être renouvelée à chaque session des Chambres. La commission (et non le garde-des-sceaux, sous la protection du fameux *nous*, de l'ordonnance du 24 juin dernier), cette commission seule pouvoit suspendre un journal en contravention. Enfin cette loi d'exception avoit un terme fixe ; elle devoit expirer au 1er janvier 1825.

Eh bien ! malgré ces apparens avantages, la commission nommée par la Chambre des pairs pour faire un rapport sur le projet de loi, proposa le rejet pur et simple de ce projet. Le rapporteur de la commission étoit M. le duc de La Rochefoucauld, cet homme des bonnes œuvres, dont nous avons vu profaner les cendres. Voici comme il s'exprima sur les articles 5 et 6 du projet de loi ; du fond de son cercueil fracassé, ses paroles serviront encore les libertés de la patrie.

« Le projet de loi propose, il est vrai, la formation d'une
» commission composée de pairs, de députés, et de ma-
» gistrats, pour surveiller la censure. Cette pensée a le
» caractère de modération de la part du gouvernement, elle
» a sans doute pour intention de porter un remède à la cen-
» sure et à l'influence ministérielle, tant redoutée en fait

» de censure, et à si juste titre ; mais le bien qu'elle vou-
» droit promettre n'est qu'illusoire. Qui pourra s'imaginer
» qu'une commission ainsi formée, passera des journées
» entières à recevoir et à vérifier les jugemens des censeurs,
» à écouter les plaintes de trente journalistes plaidant pour
» l'insertion de l'intégrité de leurs articles ? et si elle ne se
» livre pas à ces longs et fastidieux travaux, elle ne sera
» qu'un nom. Peut-être pourroit-elle, dans quelques cas,
» empêcher quelque grande injustice [1]; peut-être pourroit-
» elle, parfois, donner quelques conseils généraux sur la
» manière d'exercer la censure. Mais le ministère de son
» côté n'auroit-il pas son but à remplir, sa tendance à faire
» prévaloir ? Et, disons-le franchement, de quelque ma-
» nière qu'une censure soit organisée, il est toujours à
» craindre qu'elle ne soit plus ou moins sous l'influence
» ministérielle ?

» Ce projet de commission est plus qu'illusoire et qu'in-
» complet, il est évidemment inconstitutionnel. Le projet
» de loi fait intervenir des pairs et des députés, pour leur
» donner une participation active à l'exécution d'une loi, et
» pour leur faire exercer des fonctions au moins moralement
» responsables. Les Chambres elles-mêmes devroient nom-
» mer les pairs et les députés : elles prendroient donc part
» à l'action du gouvernement quand nos principes consti-
» tutionnels s'opposent, dans l'intérêt même du trône, à la
» confusion des pouvoirs. Cette commission seroit chargée
» de prononcer des peines graves ; de suspendre des jour-
» naux, de les interdire même dans certains cas, de pro-
» noncer ainsi des jugemens correctionnels frappant sur
» les biens et sur les personnes ; elle distrairoit ainsi les
» sujets de l'Etat de leurs juges naturels : elle est inadmis-
» sible. » [2]

Les pairs furent frappés de ces hautes considérations, et
retranchèrent du projet de loi, les articles 5 et 6. A plus
forte raison la noble Chambre se fut elle récriée, s'il eut
été question d'une simple commission de surveillance à la
présentation des ministres.

Le ministre n'insista pas : M. le baron Pasquier déclara
« qu'il savoit tout ce qu'on pouvoit dire sur la création
» d'une commission spéciale pour l'exercice et la juridic-
» tion de la censure ; qu'il ne se dissimuloit point la force

[1] Que n'oblige-t-elle aujourd'hui les censeurs à exécuter leur loi, à *censurer* ?

[2] Séance des pairs, 23 février 1820.

» des objections qu'on avoit élevées contre son existence.[1] »

Le projet de loi fut voté avec le notable amendement qui rejetoit les articles 5 et 6 relatifs à l'établissement d'une commission de censure, et avec un amendement plus notable encore qui bornoit à la fin de la session de 1820 la durée de cette loi. Encore le projet amendé ne passa-t-il qu'à la majorité d'une voix.

Il est probable, d'après ces débats, que la même question sera agitée à l'ouverture de la session prochaine, et que messieurs les pairs membres du conseil de surveillance, seront invités à ne plus faire partie à l'avenir d'une commission de censure. Si les fonctions de préfet ont paru incompatibles avec la dignité de la pairie, à plus forte raison les fonctions de censeur sont-elles une déchéance de cette dignité. La noblesse d'extraction peut dormir sans se perdre; celle de caractère ne peut sommeiller sans périr.

Étrange anomalie! dans la discussion du code militaire à la Chambre haute, on a voulu soustraire les pairs portant les armes, à la juridiction des conseils de guerre, tant la dignité de la pairie a semblé respectable! Et un pair pourroit être censeur!

On a soutenu qu'un conseil de surveillance placé hors des attributions de la police, composé de personnes graves et d'un rang élevé dans l'État, étoit une espèce de tribunal qui témoignoit de la considération que l'on avoit pour la liberté de la presse, et du désir de rassurer les amis de cette liberté.

Les faits ont mal répondu à cette déclaration. La censure s'est exercée d'une manière intolérable, et contre les hommes, et contre les choses, en violation même de la loi qui la constitue. D'ailleurs, il est démontré qu'un conseil de surveillance de censure est une chose ou impossible ou illusoire.

Impossible : pour que le conseil de surveillance devînt réellement une magistrature, il faudroit que les membres en fussent inamovibles; or un tribunal inamovible, maître absolu de l'opinion, seroit *le vrai souverain*, il domineroit le Roi et le peuple; l'article 62 de la Charte disparoîtroit; les citoyens distraits de leurs juges naturels, comme le remarquoit M. le duc de La Rochefoucauld,

---

[1] Séance des pairs, 28 février 1820. L'ordonnance qui fut faite pour l'exécution de cette loi établissoit (art. 9) un conseil de neuf *magistrats*, pour surveiller cette censure d'un an de durée, à l'exclusion des *pairs* et des *députés*.

presse, en réprobation des hommes qui ont asservi cette liberté.

Supposez à présent que le passage dénoncé, que la plaidoirie de M. de Kératry et de son défenseur, fussent de simples articles envoyés par *le Courrier Français* à la censure, la censure en laisseroit-elle passer deux lignes? Où se trouve donc le véritable esprit de la France? Est-il représenté par des juges inamovibles, assis sur les fleurs de lis, en présence du public assemblé, ou par des censeurs amovibles, assis sur les escabelles de M. de Corbière, dans un abattoir où l'on assomme à huis-clos l'opinion[1]?

Au reste, il paroît évident que six censeurs ne peuvent suffire à l'exécution de tant de journaux; aussi donne-t-on pour certain, qu'au-dessous de ces hommes se trouvent au pied de l'échelle des aides d'offices. Si ces faits sont exacts, nous aurions à la fois la censure publique et la censure secrète : on ne peut réunir plus d'éclat à plus de modestie.

Les poids et les mesures varient selon les journaux et selon l'humeur de messieurs de la censure. Ainsi le *Journal des Débats* a vu mutiler un article qui proposoit M. Delalot aux électeurs d'Angoulême, et il a été permis au *Constitutionnel* de louer et d'offrir M. Chauvelin aux mêmes électeurs : petite ruse facile à pénétrer. Les agens du pouvoir veulent avoir quelque chose à dire à la tribune en faveur et en défense de leur censure; ils permettent, en certains cas, un peu de liberté, afin de tuer plus sûrement un jour la liberté. Quelques phrases tolérées sont des argumens ministériels en réserve, et non des franchises laissées au public. Quand on aura obtenu la censure pour un quart de siècle ou pour un demi-siècle, on ne fera pas tant de complimens, et l'on resserra la muselière.

Heureusement les journaux ministériels sont naïfs; au lieu de dissimuler la pensée de leurs maîtres, ils la dévoilent.

Si vous ne voulez pas croire à la liberté de la presse sous la censure, voyez, nous disent-ils, tel journal citant des

---

[1] La censure vient de commettre une nouvelle prévarication du genre de celle dont nous nous plaignons dans ce moment même. *Le Constitutionnel* et *le Courrier* étoient en appel à la Cour royale d'un jugement rendu contre eux en première instance. La cause d'un de ces journaux étoit défendue par M. Dupin. Son plaidoyer révéloit tous les méfaits de la censure; la censure n'a pas permis, même aux journaux intéressés, de publier la défense de leur avocat.

La censure ne tient aucun compte de la Charte; mais la Charte fera bientôt raison de la censure.

passages des journaux anglais pour et contre M. Canning; tel autre s'expliquant sur le Brésil; tel autre parlant des fêtes données à MM. Bourdeau et Gauthier, députés de l'opposition.

Le Moniteur et les journaux de préfectures éclatent en mêmes jubilations : nous pouvons être sûrs qu'on nous répétera mot pour mot à la tribune les raisonnemens des gazettes stipendiées. On aura beau dire que les journaux indépendans ont expliqué leurs pensées, qu'ils ont protesté contre la censure; leur protestation tournera contre eux, comme une preuve de plus de leur *liberté*; c'est même la raison pour laquelle on leur permet de protester. En définitive, puisqu'on proscrit des noms et des ouvrages, puisqu'on interdit les *blancs*, puisqu'on veut le martyre sans stigmates, la prétendue tolérance de la censure n'est qu'un piége et une jonglerie.

Ce que cette censure désire surtout, c'est que l'on ferraille avec elle, que l'on parle de principes, de liberté, de constitution, de Charte. Elle dit avec un touchant intérêt aux journaux qui se sont retranchés dans la littérature : « Vous
» vous faites tort; vous ennuierez vos lecteurs; vous per-
» drez vos abonnés. Qui vous empêche de publier de vigou-
» reux articles de doctrines? nous vous les passerons tous
» sans en retrancher une seule ligne. »

Que ces Messieurs sont bons! *allons! ferme!* soutenons une thèse sur la liberté, mais cachons bien nos mains, de peur qu'on ne voie les petits anneaux des gendarmes. Les maîtres ès-jeux de la censure nous distribueront des couronnes, et les Pindare de la police célebreront nos victoires.

En politique extérieure la censure ne nous fait connoître que ce qui convient à l'autorité : elle ne permet pas surtout que l'on traduise les articles des gazettes anglaises, où elle est traitée comme elle le mérite, mais avec des outrages à notre patrie. Ministres, rendez-nous compte de l'honneur français!

Que reste-t-il à la presse périodique pour organe *libre* de l'opinion ? les journaux ministériels qui sans doute ont leur franc-parler : à la vérité ils sont réduits à deux; car le ministérialisme est une fièvre jaune dont meurent tour à tour les gazettes qui en sont attaquées. Ces deux journaux donnent à leurs maîtres des éloges qui doivent les embarrasser. Dernièrement un ministre n'étoit rien moins que *Fabius cunctator*, à l'arme ardente, à la décision froide, se préparant à fondre du haut de la montagne sur les sol-

]dats d'Annibal. Comme il n'étoit question, dans tout cela, que de finances, on se demandoit si la montagne étoit l'hôtel Rivoli, la Bourse le Capitole, la rue Notre-Dame des Victoires le champ de bataille, et quelque banquier le général carthaginois. De terribles défis que personne n'accepte, des monologues que personne ne lit, sont consignés le matin dans une des gazettes de l'autorité, et répétés le soir par l'autre. On n'oseroit peut-être pas avouer les principaux écrivains de ces gazettes, jadis rédacteurs des *Correspondances privées* où le prince, aujourd'hui Roi, étoit chaque jour insulté. Voilà les soutiens du trône! les interprètes des doctrines du ministère!

En politique intérieure, la censure interdit ce qui blesseroit les projets et les intérêts de sa coterie. Elle sépare les citoyens des lois, les rend étrangers à leur gouvernement, les prive de l'instruction nécessaire à l'exercice de leurs droits, devient une espèce de rouille qui empêche le jeu de la machine, ou plutôt qui ne laisse tourner que les rouages du pouvoir.

Les censeurs, si dangereux, comme on le voit, en politique, deviennent des critiques en littérature : ils ont leurs coteries, leurs haines, leurs amours; ils coupent et tranchent à leur gré, permettent ou refusent d'annoncer les nouveaux et les anciens écrits, effacent certains noms, biffent les éloges de certains ouvrages : ils interdiroient le feu et l'eau à Racine, et accorderoient le droit de cité à Cottin. Peut-on espérer autre chose, lorsqu'on donne à la médiocrité tout pouvoir sur le génie, à l'obscurité toute autorité sur la gloire ? Si vous introduisiez l'Envie et la Sottise dans le temple de la Renommée, n'en briseroient-elles pas les statues ?

Les nouveaux censeurs empruntent à l'administration supérieure l'urbanité qui la distingue. Les journaux politiques n'ont qu'une heure (de sept à huit heures du soir) pour être marqués et fouettés. Avant sept heures, il n'y a personne au bureau; après huit heures, on n'admet plus rien à la censure du jour : c'est le cercle de Popilius pour l'opinion. Il semble pourtant que des commis à 6000 francs de gages, pourroient traiter un peu plus poliment le public qui les paie, à la vérité bien malgré lui. Des feuilles périodiques, dont le tirage est considérable, sont cruellement embarrassées lorsqu'on n'a qu'un moment pour remanier une composition mutilée. La haine de l'intelligence humaine et le mépris des lettres se devroient mieux masquer.

On raconte que des fiacres et des gendarmes viennent tous les soirs chercher les censeurs et les reconduisent chez eux : on pense que les gendarmes sont là en guise de gardes d'honneur [1].

Une partie des travaux de la censure a lieu après le coucher du soleil ; il y a des ouvrages qui ne se font que de nuit. Cela se passe pourtant assez loin de M. le ministre de l'intérieur pour que son sommeil n'en soit pas troublé.

Voyons maintenant dans quel état la presse périodique demeure lorsque les censeurs, ayant achevé leur besogne, ordonnent de *laisser passer leur justice*.

Un étranger a quitté la France depuis une vingtaine de jours ; par un hasard quelconque il a ignoré l'imposition de la censure, et il est revenu hier à Paris.

A son départ de cette capitale, il avoit lu dans les feuilles indépendantes des articles politiques et littéraires sur les sujets les plus dignes d'occuper l'esprit humain. Accoutumé à ce mouvement de la pensée qui annonce les progrès d'un peuple dans la carrière de la raison et de la liberté, il demande les journaux du matin, il les ouvre avec empressement ; il court à ce que les Anglais appellent le *leading article*, l'article principal. Il voit écrit en grosses lettres dans une feuille, ce titre : La Girafe ; une autre feuille contient une annonce de *chien perdu ;* une troisième parle d'une scène de *Bobèche* ou d'une *danse de singes ;* une quatrième raconte la pêche d'un *énorme esturgeon*.

Notre voyageur cherche en vain dans les matières littéraires les noms qu'il avoit coutume d'y trouver ; les ouvrages importans dont on lui donnoit l'analyse, tout a disparu. Il se frotte les yeux ; il ne sait s'il rêve ; il se demande si la France n'a pas été frappée tout à coup d'une paralysie à la suite de laquelle elle seroit tombée en enfance. Il ne se peut figurer que ce soit là la nation qu'il avoit laissée si saine, si grande, si spirituelle, et qu'il retrouve si cacochyme, si petite, si idiote.

Telle est pourtant, dans l'exacte vérité, la dégradation subite où nous a plongé la censure. Un peuple peut-il consentir long-temps à cet amoindrissement forcé, à cet abandon de toutes ses facultés morales et intellectuelles ? S'imagine-t-on que l'on peut passer sans transition des mâles travaux de l'homme aux occupations puériles de l'enfant, des jouissances de la liberté aux plaisirs de l'escla-

[1] M. A. de Jussieu, brochure citée plus haut.

vage, et du spectacle de la gloire aux gambades de Fagotin?

C'est tenter l'impossible; il seroit plus aisé de nous ramener au mode de la régence, que de réduire nos esprits à la mesure des censeurs.

Aussi les effets de la censure ne sont pas moins effrayans qu'ils ne sont inévitables; le dégoût, le mépris, la haine s'augmentent au fond de tous les cœurs pour un système d'administration qui exploite au profit de quelques hommes quarante années de révolutions, de victoires et de malheurs. On se demande si c'est pour arriver à l'ovation de tels et tels ministres que la république a brisé le trône et élevé l'échafaud de Louis XVI, que la Vendée a versé son sang, que Buonaparte a vaincu l'Europe, que Louis XVIII a donné la Charte? Sommes-nous punis par où nous avons péché? Devons-nous expier l'extrême grandeur par l'extrême petitesse?

Des nains ministériels, montés sur les débris de nos libertés, ont osé attacher un bandeau sur les yeux de la France, imitant la gloire qui seule étoit de taille à atteindre le front de la fille aînée de l'Europe. Prétendent-ils tuer cette France quand elle ne les verra plus? Mais ne pourroit-elle pas étendre son bras dans l'ombre? Malheur à ceux sur qui s'abaisseroit sa main!

Chaque jour on nous effraie du bruit de quelques projets sinistres. Les ministres, nous dit-on, n'en resteront pas là: enivrés de la victoire remportée sur Paris par le licenciement de la garde nationale, sur la France entière par la censure, ils songent à de nouveaux triomphes. Leurs créatures sollicitent une nombreuse nomination de pairs, pour obtenir, s'ils le peuvent, des mesures selon leurs vœux; elles méditent une nouvelle circonscription des tribunaux, afin de dompter l'esprit indépendant de la magistrature; elles parlent d'une loi de censure perpétuelle, d'une loi d'élections plus flexible, d'une suspension de la Charte, etc. etc.

De quoi les ennemis du Roi et de la patrie ne parlent-ils pas? Mais ils comptent sans le temps, sans les événemens, sans la force du siècle, sans l'esprit des peuples. Ne confondons pas le génie qui rêve avec la médiocrité qui extravague: quelques idées vieillies, cantonnées dans des têtes étroites et usées, peuvent-elles régir une nation où les lumières sont entrées de toutes parts? Une garnison d'Invalides, retranchée dans un donjon délabré, fait-elle la loi aux assiégeans, lorsque la place est prise et le pays occupé?

La France avoit montré une joie extrême du retrait du

projet de loi contre la presse ; si elle ne pouvoit supporter ce projet, même en pensée, est-ce pour la satisfaire qu'on lui impose la censure ? Est-il sage, est-il politique de narguer ainsi, de fouler aux pieds l'opinion ?

Après cinq années de possession de la liberté de la presse, cette liberté n'est plus pour la France un simple principe abstrait, c'est un fait pratique qu'il n'est donné à personne de détruire. La censure loin de calmer les esprits n'a fait que les irriter : elle les a confirmés dans l'idée que les ministres cherchoient à ravir à la France les institutions que leur a octroyées Louis XVIII.

Dans l'ancienne monarchie, le pouvoir n'avoit pas en lui-même son principe modérateur; il ne rencontroit de résistance que dans ses limites : clergé, noblesse, états provinciaux, droits et privilèges municipaux lui faisoient obstacles.

Dans la monarchie nouvelle, le pouvoir n'a point de bornes, mais il est retenu par un seul principe renfermé dans son propre sein, *la publicité*. Détruisez celle-ci, il ne reste qu'un despotisme orageux. « La monarchie légi-
» time, a dit un esprit profond, la monarchie légitime si
» nécessaire à la France, cette monarchie qui est à nous
» aussi bien qu'à nos adversaires, seroit amenée par leur
» imprudence au seul risque véritable qu'elle ait à courir,
» celui d'être regardée comme incompatible avec les libertés
» qu'elle a promises. »

Ces libertés ont pénétré nos institutions et nos mœurs : attaquer la plus précieuse de toutes, c'est blesser nos intérêts essentiels. Ajoutons que la censure telle qu'elle existe aujourd'hui est absurde, parce qu'elle est impuissante.

Lorsque à côté d'une presse esclave il existe une presse libre, et que celle-ci raconte ce que l'autre est obligée de taire, le pouvoir tombe dans la désaffection et dans l'impopularité, sans arriver au but qu'il se propose : il se donne à la fois les embarras de la liberté de la presse et les inconvéniens de la censure.

Nous avons maintenant les chansons et les noëls satyriques de la vieille monarchie, et les brochures politiques de la monarchie nouvelle. Avant un mois le public commencera à connoître ces brochures ; elles seront d'autant plus lues, demandées, recherchées, que la presse périodique est moins indépendante.

Lorsqu'un écrit a la faculté de paroître sous le régime de la loi, que l'auteur de cet écrit ne peut pas être arrêté, jugé

1 M. Royer-Collard, séance du 22 janvier 1822.

et fusillé dans vingt-quatre heures, une petite violence administrative à la publicité est une bouderie à laquelle ne se laissera jamais aller un véritable homme d'Etat. La censure, glaive tranchant de l'arbitraire, s'émousse aux mains de l'autorité légale : il ne coupe pas, il meurtrit ; l'arme de la légitimité est la liberté de la presse.

La légitimité revint de l'exil nue et dépouillée : elle réclama la puissance en offrant la liberté ; l'échange fut accepté avec transport. De mâle en mâle, par une succession non interrompue, on arrivoit de Robert-le-Fort à Louis XVIII : les fils de ceux qui fondèrent la monarchie et qui gardèrent le passé pendant mille ans, demandoient à garder l'avenir. Ce miracle d'antiquité étoit une grandeur qu'on ne pouvoit méconnoître : les François se soumirent à l'autorité de leur Roi, comme à l'autorité de leur histoire.

Le souverain eut donc en partage le pouvoir, et le peuple la liberté. Les deux parties, satisfaites l'une de l'autre, sont sincères et loyales ; mais entre elles se sont glissées de petites gens qui cherchent à brouiller. Elles ont réussi jusqu'à un certain point ; on s'en étonne, et l'on a tort.

La médiocrité individuelle n'est pas forte parce qu'elle est en elle-même, mais par le corps nombreux des médiocrités qu'elle représente. Plus l'homme en pouvoir est petit, plus il convient à toutes les petitesses : il donne à la foule l'espérance de réussir ; les courtisans le préfèrent, parce qu'ils peuvent dédaigner sa première condition ; les Rois le conservent comme une preuve de leur toute-puissance. Non-seulement la médiocrité parvenue a tous ces avantages, mais elle a encore un bien plus grand mérite ; elle exclut du pouvoir la capacité. Ce député des infirmes aux affaires, caresse deux passions du cœur humain : l'ambition du vulgaire et l'envie de tous.

Mais enfin cela n'a qu'un temps, et un temps fort court dans la forme de nos institutions ; elles ramèneront les vraies supériorités, ou bien il faudroit tenter des coups d'Etat, qui viendroient échouer contre le refus de l'impôt.

Si nous voulons remporter la victoire, agissons toujours de concert et soyons attentifs aux manœuvres des ennemis de nos libertés. C'est principalement des élections prochaines que nous devons attendre notre salut. Les élections partielles qui ont eu lieu dernièrement n'ont laissé passer qu'un seul candidat de l'autorité. M. Delalot vient d'être nommé à Angoulême, à la haute satisfaction des royalistes constitutionnels et au mortel déplaisir de leurs adversaires. Ce qui prouve, ce que l'on savoit depuis long-temps, que la seroient traduits, sans appel, devant cette formidable magistrature de l'opinion, qui ne connoîtroit d'autre amovibilité que celle de la mort.

Le conseil de surveillance avec une autorité indépendante est donc impossible; il est illusoire, si les membres en sont amovibles : ceux-ci, exposés aux violences et aux caresses du pouvoir, ne sont plus dans les mains de ce pouvoir qu'un instrument ministériel. Tout ou rien, trop ou trop peu, tel est le conseil de surveillance, selon qu'il est amovible ou inamovible.

Les pairs et les députés peuvent-ils être les exécuteurs des lois qu'ils votent, et surtout des lois d'exception? des membres de la législature ravalés au rang de censeurs, eux qui, en jurant la Charte, ont nécessairement juré les libertés qu'elle renferme! Pourroit-on concevoir que le magistrat qui plaide ou qui juge dans un procès pour délit de la presse, devînt le *censeur* sous les yeux duquel seroient altérées le *soir*, les paroles que lui ou le défendeur auroient prononcées le *matin* devant le tribunal?

A ce propos je rappelerai ce qui s'est passé dans l'affaire de M. de Kératry. M. Alexis de Jussieu, dans un brochure écrite d'un ton ferme, raconte le fait de la manière suivante :

« Aujourd'hui même, au moment de livrer cet écrit à
» l'impression, j'apprends que la censure vient de supprimer quelques lignes dans la défense de M. de Kératry.
» Ce sont celles-ci : il s'agissoit du magistrat censeur
» (M. de Broë).

Pourquoi même ne pas croire qu'à l'exemple d'un savant célèbre en Europe, et de deux estimables professeurs d'histoire, il aura compris que faire taire n'est pas répondre, et qu'attenter aux droits d'une nation, c'est en démériter?

La censure viole ainsi l'article 64 de la Charte qui dit : « Les débats sont publics en matière criminelle », et elle viole cet article dans l'intérêt de sa propre cause. Si la censure est bonne et honorable, pourquoi tant de précautions afin de cacher que quelques individus ont refusé des places de censeurs?

La censure crée une société factice, substitue la fiction à la réalité. La magistrature, maintenant les franchises nationales, acquitte, sans blâme et sans dépens M. de Kératry; elle établit par son arrêt, qu'il n'y a rien de répréhensible, rien de contraire aux lois dans le passage incriminé; elle permet devant elle un développement de principe, une plaidoirie grave en faveur de la liberté de la censure est un mauvais moyen d'obtenir aux élections des votes ministériels. Mais prenons garde à une chose.

La dernière loi sur le jury est excellente : faite de sorte à empêcher dans l'avenir les fraudes électorales, elle pourroit cependant avoir dans ce moment le plus grand danger, si la France étoit surprise par une dissolution subite de la Chambre des députés, après le 1ᵉʳ octobre prochain.

On commence à exécuter cette loi ; les listes où les citoyens iront s'enregistrer seront closes le 1ᵉʳ octobre de cette année. Il est naturel que toutes les créatures, que tous les agens du ministère soient portés immédiatement sur ces listes.

Malheureusement l'institution du jury n'est pas encore bien entrée dans nos mœurs ; il est probable que dans les départemens on se montrera tiède à placer son nom sur le rôle des jurés ; on croira qu'il sera toujours temps d'en venir là ; on ne se souviendra pas qu'en négligeant de se faire inscrire, on perd ses droits d'électeur. Souvenons-nous bien que LES LISTES DU JURY SONT LES LISTES ÉLECTORALES. Personne ne viendra vous en avertir dans votre domicile ; les autorités ne diront rien ; les journaux sous le joug de la censure, se tairont : le premier octobre arrivera. Si la Chambre des députés est dissoute, alors que fera-t-on ? on courra aux colléges électoraux : inutile empressement ! on n'est point inscrit sur la liste du jury, on a perdu ses droits d'électeur ! on réclamera : les réclamations seront accueillies *pour l'année* 1828. Tout sera parfaitement légal ; il n'y aura pas lieu à la plus petite plainte ; mais, comme les initiés le disent déjà trivialement, en se frottant les mains, *on aura manqué le coche*; une Chambre des députés sera élue pour *sept ans*. Les ministres riant des dupes et de la véritable opinion de la France, recueilleront le fruit de la censure.

Je recommande ceci à l'attention la plus sérieuse des citoyens : qu'ils se hâtent de se faire inscrire sur la liste du jury avant le 1ᵉʳ octobre ; il y va de leurs droits électoraux, il y va de la prospérité et de la liberté de la France. Je répéterai plusieurs fois cet avertissement, et tous les écrivains amis de leur pays se feront un devoir de le rappeler.

Il est déplorable d'en être à ces craintes de surprise, d'avoir sans cesse à se défier, à se défendre du pouvoir administratif comme d'un ennemi, de ce pouvoir qui devroit être le premier à instruire les citoyens, à les inviter à l'exercice de leurs droits. Malheureusement les défiances ne sont que trop justifiées par les anciennes tromperies électorales, par tout ce que l'on a fait pour acheter d'abord l'opinion et ensuite pour l'étouffer. Serrons nos rangs, oublions nos petites dissidences. Ne nous laissons pas décourager, parce que le temps nous semble long. On a sans cesse à la bouche cette phrase banale : Il y a bien loin d'ici à telle époque ! Bien loin ? Et la vie, combien dure-t-elle ?

Charles X entendra nos plaintes ; c'est de lui surtout que viendra notre salut. Si sa piété est vive, elle est éclairée ; elle ne lui a point été donnée en diminution de ses vertus ; il ne se met point humblement à genoux au pied des autels, pour marcher ensuite avec orgueil sur la tête de ses sujets ; il n'est pas de ces princes qui se croient le droit de frapper leurs peuples, quand ils se sont frappé la poitrine. Il descend de ce Louis IX qui disoit : « J'aimerois mieux que *le peuple de mon royaume fust gouverné bien et loyaument par un Ecossoys venu d'Ecosse ou par quelque loingtain estrangier, que par un roy de France qui ne fust pas aymé de son peuple et qui gouvernast mal à point et en reproches.* »

Vrais sentimens d'un roi, d'un saint et d'un grand homme !

POST-SCRIPTUM.

Les journaux nous donnent le traité conclu, disent-ils, entre la France, l'Angleterre et la Russie, pour la pacification de la Grèce. Ces négociations, commencées sous mon ministère, me paroîtroient dans ce cas avoir eu une triste fin. Il seroit difficile de comprendre que les Ottomans, vainqueurs presque partout, abandonnassent les forteresses qu'on leur a laissé prendre, livrassent toutes les propriétés turques à des rayas rebelles, et que les Grecs de leur côté reconnussent le sultan comme leur *seigneur suzerain*, lui payassent un *tribut annuel*, et consentissent à laisser à la Porte une *voix déterminante dans la nomination des autorités qu'ils se choisiront.*

Je disois dans ma Note sur la Grèce, qu'il étoit déjà trop tard, il y a deux ans, de demander pour celle-ci une sorte d'existence semblable à celle de la Valachie et de la Moldavie, les Grecs paroissant être au moment de chasser les Turcs ou d'être exterminés par eux.

Je remarquois toutefois qu'il étoit encore possible de délivrer les Hellènes sans troubler le Monde, sans se diviser, sans mettre même en danger l'existence de la Turquie, par une seule dépêche collective souscrite des grandes puissances de l'Europe : ce sont là, ajoutois-je, de ces pièces diplomatiques qu'on aimeroit à signer de son sang.

On en est venu à cette résolution, mais quand ? quand des flots de sang ont été versés, lorsque les Turcs sont rentrés dans les ruines d'Athènes, et que la torche de Mahomet, plantée dans les débris des monumens de Phidias, semble éclairer les dernières funérailles de la Grèce.

La France qui devoit prendre l'initiative dans cette question, la France qui auroit pu avoir dans ce moment vingt-cinq mille volontaires en Morée, a été placée, par la foiblesse des ministres, à la suite des autres puissances. Les peuples ont traîné les gouvernemens à la remorque dans une affaire où la religion, l'humanité et des intérêts matériels bien entendus, réclamoient l'intervention de ces gouvernemens.

On a déclamé contre les comités philhellènes ; mais en quêtant du pain, ils ont nourri des veuves, des orphelins, une poignée de héros, et laissé le temps à la chrétienté de rougir.

La Russie vouloit agir, qui l'a arrêtée ? S'il est juste de secourir aujourd'hui les Grecs, eût-il été injuste de les secourir il y a quatre ans ? S'étoit-on flatté qu'ils seroient anéantis ? Ils ont malencontreusement résisté au-delà de l'espérance. Maintenant leur renommée embarrasse : qu'en faire ? ne pourroit-on pas les en punir, en les rejetant sous la suzeraineté des Turcs ? On n'a pas pu leur ôter la vie ; ôtons-leur la gloire : ce sera toujours se venger de la liberté. Si la Porte n'accepte pas une médiation proposée avec tant de ménagemens et des paroles si modestes, combien de temps encore les massacres dureront-ils, puisque le traité ne porte pas une condition expresse d'armistice ? Pendant les échanges de notes diplomatiques, les Turcs continueront-ils à égorger les Grecs sous les yeux des médiateurs ?

Si vous regardez ces Grecs comme des sujets rebelles, pourquoi vous occupez-vous d'eux ? Si vous les considérez comme un peuple qui mérite d'être libre, quel droit avez-vous de fixer les conditions de sa liberté ou plutôt de prolonger véritablement son esclavage ? Laissez-le mourir : la postérité lui rendra les derniers honneurs ; il n'a pas besoin que votre pitié de parade et votre admiration dérisoire viennent promener vos pavillons en deuil sur les mers qu'il illustra, et tirer des coups de canon à poudre sur sa tombe.

Si les Grecs, comme ils l'ont décrété, érigent une monarchie constitutionnelle et se choisissent un prince étranger, c'est donc le Grand-Turc qui, avec sa voix déterminante, nommera ce roi vassal?

Si les Grecs n'acceptent pas les chefs désignés par la Porte, qui décidera la question? Les puissances médiatrices, réunies en conseil de censure? Prendront-elles à tout moment les armes?

Il falloit éviter des détails où l'on a tout réglé sans consulter les parties contendantes. On devoit, selon moi, se contenter de dire : « La guerre cessera à l'instant; » nous l'exigeons dans l'intérêt de la religion et de l'hu- » manité, dans l'intérêt de nos sujets et du commerce. » Nous reconnoissons l'indépendance de la Grèce, et nous » offrons notre médiation pour les arrangemens qui seront » la suite de cette reconnoissance. »

L'Angleterre a reconnu l'indépendance des colonies espagnoles, la France l'indépendance d'une république de noirs, et l'on en est à parler d'un *rapprochement éventuel* avec les Grecs! La France et l'Angleterre ne soutiendroient-elles des principes généreux que lorsqu'elles n'ont à craindre aucune résistance? Les Turcs sont-ils si formidables? Il suffit que nos gens d'État se mêlent de quelque chose pour que tout avorte : leur administration pauvrette n'amène rien à terme.

Si de tant de désastres on sauve quelques familles, on devra sans doute s'en réjouir; mais qu'on ne vienne pas réclamer au nom d'une mesure incomplète et tardive, une popularité qu'on n'a pas méritée. Faut-il croire à un article secret devenu un article public? Dans tous les cas, cet article n'engageroit pas beaucoup les puissances, car il y est dit qu'on établiroit avec les Grecs des relations commerciales, *aussi long-temps qu'il existera parmi eux des autorités en état de maintenir de telles relations.*

Or, n'est-il pas évident qu'on pourra toujours déclarer aux Grecs qu'on désiroit établir avec eux des relations, mais *qu'ils ne sont pas en état de les maintenir.* Cette grande négociation finiroit ainsi par une misérable moquerie. En tout le ton du traité, si ce traité est authentique, est timide, vague, embrouillé, sans franchise; très-peu digne du langage de trois grandes puissances de l'Europe. On y sent l'amour des Turcs, les défiances de l'Autriche, la peur de la guerre, la mercantille de la Cité de Londres, et l'agiotage de la Bourse de Paris: on ne peut échapper au trois pour cent.

NOTES.

Il est impossible de tenir le lecteur au courant de toutes les prévarications comme de toutes les niaiseries de la censure. Un journal, dans une annonce des Œuvres de M. Désaugiers, avoit dit qu'*il étoit le plus gai et le plus spirituel de nos chansonniers:* la censure a biffé cette phrase parce qu'un chansonnier est aujourd'hui censeur.

Un autre journal avoit cité un mauvais couplet de ce même censeur : aussitôt le couplet est retranché, et *sans blâme.*

Un ancien article d'un autre censeur, naguère opposant au ministère, avoit été oublié dans un carton d'un journal indépendant; cet article oublié est présenté malicieusement à la censure : le père reconnoît son enfant et l'étouffe. La censure a aussi ses Brutus.

M. Charles Dupin avoit adressé à un excellent journal littéraire un morceau qu'il a fait depuis imprimer à part, et qui s'intitule *Hommage aux habitans de la France méridionale;* l'article entier a été retranché sans qu'on puisse deviner pourquoi, sinon que M. Dupin invite les habitans de la France méridionale à apprendre à lire, et qu'il cite malencontreusement deux pairs de France.

Voilà un échantillon des niaiseries de la censure : on peut en voir beaucoup d'autres dans un écrit piquant intitulé : *Lettres de la Girafe au Pacha d'Egypte*[1]. Voici maintenant ce que nos voisins pensent de cette censure; les journaux ne nous le diront pas.

Il me semble inutile de répéter ici l'article du *Courrier Anglais* cité dans ma brochure *sur le Rétablissement de la Censure*, et l'article du *Times*, cité par l'auteur de la *Lettre de la Girafe au Pacha d'Egypte.*

---

[1] Chez Sautelet et comp., place de la Bourse.

Je reçois à l'instant d'un de mes nobles collègues les pièces suivantes, que je m'empresse de mettre sous les yeux du public.

A M. le Rédacteur de

« Monsieur,

» Permettez-moi de me servir de votre journal, pour
» exprimer ma profonde et sensible reconnoissance des
» nombreux témoignages d'estime et d'amitié que j'ai reçus
» de mes honorables frères d'armes de l'ancienne garde
» nationale parisienne. Etant dans l'impossibilité de ré-
» pondre aux lettres multipliées et aux marques de bien-
» veillance dont chaque jour ils daignent m'honorer, depuis
» l'opinion que j'ai prononcée le 19 juin à la tribune de la
» Chambre des pairs, souffrez, Monsieur, que je leur
» adresse ici les remercîmens et l'hommage des sentimens
» que leur approbation m'inspire, et que je les supplie
» de croire que mon dévouement et ma reconnoissance
» égalent mon respectueux attachement et mon admiration
» pour cet illustre corps, dont la patrie garde le souvenir
» avec gloire et douleur.

» Agréez, Monsieur, l'assurance de mes sentimens et
» de ma considération très-distinguée.

» LE DUC DE CHOISEUL.

» Le 7 juillet 1827. »

M. Armand Bertin, par une lettre en date du 8 juillet, apprend à M. le duc de Choiseul que la lettre ci-dessus a été rayée à la censure dans le *Journal des Débats*.

Lettre de M. le duc de Choiseul, à M. le vicomte de Bonald.

« Monsieur le vicomte,

» *Pair de France*, vous avez accepté des fonctions dans
» le comité supérieur de la censure ; permettez-moi, comme

» votre collègue *à la Chambre des pairs*, d'avoir l'hon-
» neur de vous consulter sur un fait qui m'est personnel.

» Je dois d'abord avoir celui de vous informer que, depuis
» le licenciement de la garde nationale parisienne, j'ai reçu,
» après mon discours du 19 juin à la Chambre-Haute, une
» multitude de lettres et de témoignages de reconnaissance
» de la part des personnes que j'ai eu l'honneur long-temps
» de commander.

» Ne pouvant répondre à chacune d'elles en particulier,
» j'ai adressé avant-hier la lettre dont copie est ci-jointe,
» à MM. les rédacteurs des *Débats*, du *Courrier* et du
» *Constitutionnel*.

» J'apprends à l'instant que ma lettre a été *biffée* et son
» insertion *refusée à la censure*.

» Sans entrer ici dans la discussion des droits d'un pair et
» des supériorités de la censure, discussion qui pourra trouver
» sa place ailleurs, j'ai cru devoir d'abord m'adresser à vous,
» monsieur le vicomte, pour vous prier de faire cesser ce
» scandale, bien persuadé que le sentiment de votre dignité
» et celui des convenances vous engageront à donner les
» ordres nécessaires, ordres que je réclame comme pair de
» France et comme citoyen français.

» Agréez, Monsieur le vicomte, l'assurance de ma haute
» considération.

» LE DUC DE CHOISEUL.

» Paris, le 9 juillet 1827. »

Réponse de M. le comte de Bonald à M. le duc de Choiseul.

« MONSIEUR LE DUC,

» Je mettrai sous les yeux du conseil la lettre que vous
» m'avez fait l'honneur de m'écrire, et la réclamation qu'elle
» contient, et j'aurai celui de vous faire part de sa décision.

» Agréez, Monsieur le duc, l'assurance de ma haute
» considération.

» LE VICOMTE DE BONALD.

» 9 juillet. »

Le lendemain ou surlendemain de la réponse ci-dessus de M. de Bonald à M. le duc de Choiseul, la censure effaça l'article ci-après qui avoit été inséré dans le *Constitutionnel* :

« M. le duc de Choiseul a écrit, comme pair de France, à M. de Bonald, son collègue et président de la commission de censure, pour se plaindre du refus fait par la censure de laisser insérer une lettre qu'il a adressée au *Constitutionnel*, relativement à la garde nationale parisienne. M. de Choiseul insiste surtout ce qu'a d'étrange l'interdiction faite à un pair de France de la presse périodique pour manifester des sentimens qui n'ont rien que d'honorable et de patriotique. »

Enfin, le 15 juillet, M. le duc de Choiseul reçut la lettre suivante de M. le vicomte de Bonald :

« Paris, le 14 juillet 1827.

» Monsieur le duc,

» Le conseil de surveillance de la censure, vu la lettre
» que vous avez fait à son président l'honneur de lui
» écrire, et dans laquelle Votre Seigneurie réclame contre
» la radiation faite par le bureau de censure de sa lettre à
» Messieurs de la ci-devant garde nationale parisienne en-
» voyée aux journaux des *Débats*, du *Courrier* et du
» *Constitutionnel*,
» Arrête à l'unanimité que le jugement du bureau de
» censure est maintenu, et charge son président de le
» communiquer à Votre Seigneurie.
» Agréez, Monsieur le duc, l'assurance de ma haute
» considération.

» *Le président du conseil de surveillance de la censure*,

» Le vicomte DE BONALD, *pair de France.* »

« *A M. le duc de Choiseul, pair de France.* »

Réponse de M. le duc de Choiseul à M. le vicomte de Bonald.

« Paris, 15 juillet 1827.

» Monsieur le vicomte,

» Je reçois la lettre que vous m'avez fait l'honneur de

» m'écrire, comme président du conseil de surveillance
» de la censure.

» Vous m'y annoncez la confirmation *à l'unanimité*
» *du jugement du bureau de censure*, sans m'en faire
» connoître un seul motif.

» L'inconvenance de cette forme est la suite naturelle
» de celle du premier procédé.

» Ne pouvant, comme *pair de France*, reconnoître un
» tribunal dans un bureau de censure; ne pouvant me
» soumettre à *d'autres jugemens* que ceux de la Cour
» des pairs dans les cas extraordinaires, et dans les cas
» ordinaires, que ceux des tribunaux, il est de mon de-
» voir de ne point laisser avilir notre haute dignité et de
» protester contre cette coupable violation de nos droits.

» Agréez, Monsieur le vicomte, l'assurance de ma haute
» considération.

» LE DUC DE CHOISEUL, *pair de France.* »

Il faut espérer que tant de scandale finira avec la censure, et qu'on ne s'obstinera pas à prolonger un état de
choses si révoltant.

FIN.

BROCHURES POLITIQUES PUBLIÉES DEPUIS LA CENSURE
ET QUI N'ONT PU ÊTRE ANNONCÉES.

Du rétablissement de la Censure, par l'ordonnance du
24 juin 1827; par M. le vicomte de Chateaubriand, pair de
France; suivi *De la Censure que l'on vient d'établir en
vertu de l'article 4 de la loi du 17 mars 1822*, et *De l'abo-
lition de la Censure* (anciens écrits du même auteur). 2 fr.
Comment on fait les Révolutions; par M. Alexis de Jussieu.
In-8°. 25 c.
Lettre de la Girafe au Pacha d'Égypte, pour lui rendre compte
de son voyage à Saint-Cloud et envoyer les rognures de la
censure de France au journal qui s'établit à Alexandrie en
Afrique. 1 fr.
*Lettre à M. le Rédacteur du Journal des Débats sur l'état des
affaires publiques*; par M. A. de Salvandy. 1 fr.
Deuxième Lettre à M. le Rédacteur du Journal des Débats;
par M. A. de Salvandy. 1 fr.
La Censure, scène historique; par Méry et Barthelemy, avec
cette épigraphe: *Vexat Censura*... 1 fr. 50 c.

www.ingramcontent.com/pod-product-compliance
Lightning Source LLC
Chambersburg PA
CBHW060602050426
42451CB00011B/2048